Die aufregendsten Tierfreundegeschichten

Die aufregendsten Leselöwen Tierfreunde Geschichten

Die Deutsche Bibliothek – CIP-Einheitsaufnahme

Die aufregendsten Leselöwen-Tierfreundegeschichten.
– 1. Aufl. – Bindlach : Loewe, 2002
(Leselöwen)
ISBN 3-7855-4382-4

*Der Umwelt zuliebe ist dieses Buch
auf chlorfrei gebleichtem Papier gedruckt.*

ISBN 3-7855-4382-4 – 1. Auflage 2002
© 2002 Loewe Verlag GmbH, Bindlach
Umschlaggestaltung: Andreas Henze
Umschlagillustration: Erhard Dietl
Gesamtherstellung: L.E.G.O. S.p.A., Vicenza
Printed in Italy

www.loewe-verlag.de

Inhalt

Das Meermädchen und der Delfin ... 11
Wer kümmert sich um Kalif? 19
Der dicke und der doofe Eisbär 27
Wackeldackel 36
Der Fliegenfreund 43
Tinka und Tiger 47
Der Geburtstagswunsch 53
Tiger und Leo 63
Schokoladenhasen-Jagd 72
Der Schatz im Silberschiff 77
Schneewittchen bekommt Junge 83
Der Spaziergang 91
Salambos Kinder 97
Die Schlange im Klo 106
Oskar darf doch bei uns bleiben 112
Felix ist seit gestern da 119
Nein Hilfe und die Hochzeitstorte 129

Grizzlys neuer Zweibeiner 135
Mama, was sind Haustiere? 145
Guck mal, wer da wühlt! 149

Quellenverzeichnis 154

Norbert Landa

Das Meermädchen und der Delfin

Es war einmal ein Meermädchen namens Isabella, das hatte eine süße, klare Stimme. Isabella wohnte im grünen Palast des Meerkönigs.

Sobald sie zu singen begann, beruhigten sich Wind und Wellen auf dem Meer.

Wenn die Matrosen auf den Schiffen Isabellas Gesang hörten, sagten sie: „Hört, das ist das Meermädchen! Jetzt droht uns keine Gefahr. Wir können ausfahren!"

Auch der Meerkönig mochte Isabellas Gesang. „Du hast eine wunderbare Gabe", sagte er. „Die Menschen vertrauen dir. Sobald sie dich singen hören, fahren sie mit ihren Schiffen aus, weil sie wissen, dass das Meer ruhig ist, solange du singst. Du darfst niemals aufhören zu

singen, ehe sie wieder an Land sind. Willst du mir das versprechen?"

„Natürlich!", rief Isabella und schwamm aus den tiefen Gängen und dunklen Grotten des Palastes wieder hinaus ins weite Meer.

Sie spielte eine Weile mit den bunten Fischen und den Schildkröten. Dann setzte sie sich auf einen Felsen unter Wasser, kämmte ihr prächtiges Haar und sang dabei.

Oben auf dem Meer sagte Karol, der Fischer, zu seiner Frau: „Hörst du, das Meermädchen singt. Ich werde zum Fischen ausfahren."

Karol segelte mit einer sanften Brise hinaus aufs Meer.

Da fiel Isabella ihr roter Kamm aus den Händen und taumelte langsam in die Tiefe.

„Dummer Kamm!", rief Isabella.

Ärgerlich schwamm sie ihrem Kamm nach – und hörte auf zu singen.

Während Isabella suchte, zog oben auf dem Meer sofort ein heftiger Sturm auf. In den haushohen Wellen tanzte Karols Fischerboot wie eine Nussschale auf und ab.

„Meermädchen, singe dein Lied!", rief Karol verzweifelt.

Doch im Heulen des Sturmes hörte Isabella ihn nicht. Sie schwamm auf dem Meeresgrund und suchte ihren Kamm.

Da stand plötzlich der Meerkönig vor ihr.

„Isabella!", rief er zornig. „Du hast einen Menschen verlockt, aufs Meer zu fahren. Und ihn dann vergessen. Schnell, singe dein Lied!"

Doch der Sturm heulte und pfiff zu laut. Verzagt rief das Meermädchen: „Meine Stimme kommt gegen den Sturm nicht an. Sag, lieber Meerkönig, kann ich den Fischer nicht einfach an Land tragen?"

„Das geht nicht", sagte der Meerkönig. „Du weißt, wir Wesen der Tiefe dürfen uns den Menschen nicht zeigen. Sonst müssen wir sterben."

„Es sei denn", sagte der Meerkönig, „du lässt dich in ein Wesen verwandeln, halb Mensch, halb Meeresgeschöpf. Doch dann bist du nicht mehr eine von uns. Du wirst im Wasser leben wie wir, aber Luft atmen wie die Menschen."

Isabella dachte an Karol, den Fischer. „Das will ich!", flüsterte sie.

Isabella wurde schwarz vor Augen. Ihre Arme verschwanden, und als sie etwas sagen wollte, kam nur ein klickendes Schnattern heraus.

Isabella, der Delfin, schoss hinauf an die Luft und streckte den Kopf aus dem

Wasser. Karols Boot trieb kieloben. Isabella sah, wie Karol zwischen den Wellenbergen auftauchte und wieder versank. Schnell schwamm sie zu ihm hin. Mit letzter Kraft hielt sich Karol an dem Delfin fest und gelangte sicher zum Strand.

Seitdem hat niemand mehr den Gesang des Meermädchens gehört. Niemand fährt mehr hinaus auf die See, wenn sich ein Sturm ankündigt.

Doch jedes Mal, wenn Karol aufs Meer fuhr, begleitete ihn ein fröhlicher, freundlicher Delfin.

Illustriert von Bernhard Oberdieck

Cornelia Funke

Wer kümmert sich um Kalif?

Warum trinken Erwachsene eigentlich so gern stundenlang Kaffee? Sie sitzen auf ihrem Hintern, rühren in ihren Tassen herum und reden über Dinge, die keinen interessieren.

Eines Nachmittags musste Alexa mal wieder mit zu so einem Kaffeetrinken. Bei Tante Irmtraud und Onkel Berthold. Furchtbar!

Als die Erwachsenen die zweite Torte in sich reinstopften, schlüpfte Alexa aus dem Wohnzimmer und machte sich daran, das Haus zu erkunden.

Viel Interessantes entdeckte sie nicht. Ein Zimmer war langweiliger als das andere. Nichts als riesige, alte Möbel, scheußliche Vasen und Fotos von düster dreinblickenden Leuten.

Aber gerade, als sie das Treppengeländer wieder runterrutschen wollte, hörte sie es. Ein Krächzen. Ganz deutlich.

Alexa lauschte. Da! Da war es schon wieder.

Leise schlich sie an den Türen entlang. Das Krächzen wurde lauter.

Alexa öffnete die letzte Tür, und da war

er. Ein grauer Nymphensittich. Traurig hockte er in einem viel zu kleinen Käfig. Seine Frisur war zerrupft, und sein Gefieder sah aus, als hätte er sich seit Wochen nicht geputzt.

„Hallo!", sagte Alexa. „Du siehst aber schlimm aus."

Der Sittich legte den Kopf schief und guckte sie an.

Alexa begutachtete den Käfig. „Dein

Futternapf ist ja ganz leer! Und dein Wasser. Igitt! Das ist ja bis an den Rand voll gekackt."

Mit einem Ruck hob Alexa den Käfig von dem Tischchen, auf dem er stand, und schleppte ihn die Treppe runter.

Rums!, stieß sie die Wohnzimmertür auf.

„Wem gehört der?", fragte sie.

Erschrocken drehten die Erwachsenen sich um. Tante Irmtraud fiel die Torte von der Kuchengabel.

„Ach der!", sagte Onkel Berthold mit vollem Mund. „Der hat meiner Schwester Elsbeth gehört. Nichts als Dreck und Krach macht er. Aber irgendwer musste sich ja um ihn kümmern, als Elsbeth ins Altersheim zog. Da wollen sie nämlich keine Viecher."

„Ihr kümmert euch aber gar nicht um ihn!", rief Alexa. „Er hat kein Futter. Sein Wasser ist voll gekackt, und außerdem ist er ganz allein. Das find ich eine Gemeinheit."

„Alexa!", sagte Papa. „So redet man doch nicht mit Erwachsenen."

Alexa kniff die Lippen zusammen.

„Bring den Vogel wieder dahin, wo du ihn gefunden hast", sagte Papa und goss sich noch eine Tasse ein.

Alexa rührte sich nicht. „Wie heißt er?", fragte sie.

„Kalif", sagte Tante Irmtraud. „Elsbeth hatte eine Vorliebe für die Märchen aus Tausendundeiner Nacht."

„Kalif!" Alexa guckte den Nymphensittich an. „Ich werde ihn mitnehmen."

„Was?", fragte Mama erschrocken. „Um Gottes willen, Alexa. Was willst du denn mit diesem Vogel?"

„Ich werd mich um ihn kümmern", sagte Alexa. „Er sieht furchtbar traurig aus. Merkt ihr nicht, wie seine Frisur runterhängt? Er ist einsam. Ich nehm ihn mit."

„Aber, aber!" Mama tupfte sich den Mund mit ihrer Serviette ab. „Das geht doch nicht."

„Also, meinetwegen kann sie das Vieh mitnehmen", brummte Onkel Berthold. „Ich bin froh, wenn ich das ewige Gekrächze nicht mehr hören muss."

„Ja, und überall diese Federn!" Tante Irmtraud seufzte. „Wenn das Kind ihn haben will. Bitte."

So kam Alexa zu einem Vogel.

Schon im Auto fing Kalif an, sich zu putzen. Und nach zwei Tagen sah seine Frisur prächtig aus. Alexa vergaß nie, ihn zu füttern. Nach der Schule nahm sie ihn auf die Hand, kraulte seinen Kopf und unterhielt sich mit ihm. Ja, und zu Weihnachten schenkte sie ihm einen Freund. Damit er nicht so einsam war, wenn sie in der Schule saß.

Illustriert von Cornelia Funke

Eckhard Mieder

Der dicke und der doofe Eisbär

Der dicke und der doofe Eisbär trabten über das Eis und suchten was zu essen. Sie hatten seit einer Woche nichts gegessen. Eigentlich macht es Eisbären nichts aus, eine Woche lang nichts zu futtern. Aber der dicke Eisbär war eben sehr dick und brauchte viel. Und der doofe Eisbär war eben doof und hatte vergessen, dass er nicht viel braucht.

„Wenn ich nicht bald was zu knabbern kriege", ächzte der dicke Eisbär, „wird mich niemand mehr erkennen. Ich werde aussehen wie diese jungen Eisbären in den Modezeitschriften. Einfach eklig!"

„Wenn ich nicht bald was zu schlabbern kriege", stimmte der doofe Eisbär ein, „werde ich mich sehr über mich ärgern."

„Wieso wirst du dich über dich ärgern?", fragte der dicke.

„Weil ich mir sagen müsste", erklärte der doofe, „dass ich zu doof zum Essenfinden bin."

Der dicke Eisbär brummte zustimmend. Er war der Freund des doofen Eisbären.

Und wo der Recht hatte, da hatte er Recht.

Sie wanderten und wanderten, und die Tage vergingen.

Sie fanden weder Fisch noch Robbe. Nicht mal einen Schuh oder einen Gürtel zum Kauen.

Dann kamen sie in die Nähe einer Stadt. Eine richtige Stadt war es nicht. Eher ein Städtchen.

Sie machten auf einem Hügel Rast und schauten ins Tal.

Zwischen den Häusern liefen Hühner, Clowns, Cowboys, Zigeuner und Afrikanerinnen auf und ab. Aus den Schornsteinen quoll Rauch. Über die Straßen waren bunte Wimpel und Girlanden gespannt, und die Straßen waren von Fahnenmasten gesäumt. Laute Musik drang zu den beiden Eisbären hinauf.

„Wenn man genauer hinschaut", sagte der doofe Eisbär, „sind die Hühner, Clowns, Cowboys, Zigeuner und Afrikanerinnen verkleidete Eskimos."

„Ich bin halb blind vor Hunger", seufzte der dicke Eisbär.

„Ich habe davon in der Schule gehört", fing der doofe zu grübeln an. „Was war es nur? Was war es nur?"

„Keine Ahnung, wovon du sprichst", jammerte der dicke. „Ich gehe jetzt hinunter und ergebe mich den Menschen. Mögen sie mich in den Zoo sperren. Hauptsache, ich kriege was zu futtern!"

„Warte!" Der doofe Eisbär nahm einen Brocken Eis und kratzte sich damit am Kopf. „Es muss mir einfallen", murmelte er, „es hieß Faval. Nein. Es hieß Karnesching. Nein." Wütend schlug er sich gegen den Schädel.

„Was brabbelst du?", fragte der dicke.

„Es ist ein Fest, zu dem die Menschen sich verkleiden!", stöhnte der doofe. „Fakarne? Nein. Valsching? Nein."

„Du meinst", sagte der dicke Eisbär, „Karneval. Oder Fasching."

„Genau", rief der doofe Eisbär. „Und ich weiß, was uns hilft!"

„Ausgerechnet du!", sagte der dicke verächtlich. Das war gemein.

„Wir gehen in die Stadt", sagte der doofe, „und mischen uns unter die Leute. Wir gehen als Eisbären."

„Blöde Idee!", sagte der dicke Eisbär, der schon ein sehr dünner Eisbär geworden war. „Die Menschen werden uns fangen und braten oder in den Zirkus bringen!"

„Wir gehen als Menschen, die sich als Eisbären verkleidet haben", sagte der doofe. Er stupste den Freund aufmunternd gegen die Schnauze.

„Hm", machte der. Und dann sagte er: „Großartige Idee!"

Sie wanderten hinunter und mischten sich unter die verkleideten Eskimos.
Sie aßen, wie die Hühner aßen.
Sie tranken, wie die Clowns tranken.
Sie tanzten, wie die Cowboys tanzten.

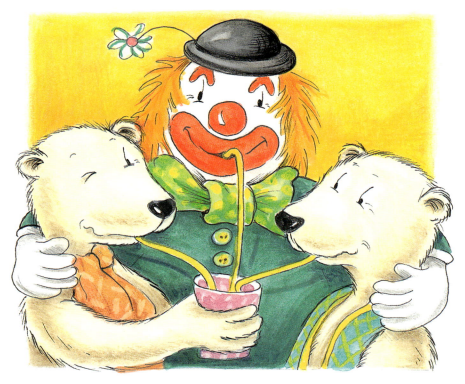

Es wurde Nacht, und die Musik verklang. Die Menschen zogen sich in ihre Häuser zurück. Dort streiften sie ihre Kostüme ab und legten sich schlafen.

Im Mondlicht aber trabten zwei Eisbären davon.

Der eine leckte sich immerzu über die Schnauze und knurrte vor Behagen.

Der andere schüttelte immerzu den Kopf. Er wunderte sich, wie schlau er doch sein konnte. Ist ja klar, welcher von den beiden der Dicke und welcher von den beiden der Doofe war.

Illustriert von Hermien Stellmacher

Gunter Preuß

Wackeldackel

„Hurra!", ruft Anja. „Ich bekomme einen Hund!"

Seit einer Ewigkeit wünscht Anja sich einen Hund. Jeden Tag hat sie die Eltern deswegen angebettelt. Endlich haben sie nachgegeben. Aber Anja musste fest versprechen, dass sie sich um ihn kümmert: spazieren gehen, füttern, streicheln und vieles mehr.

Es ist Sonntagmorgen. Anja zieht die Eltern zum Fahrradschuppen. Sie hängt sich die neue Hundeleine um den Hals. Und Vater muss einen Korb auf seinen Gepäckträger nehmen. Mutter liest aus einer Zeitung Adressen von Leuten vor, die Hunde verkaufen.

„Ich will alle Hunde sehen!", ruft Anja. „Egal, ob sie groß oder klein sind!"

Die drei fahren los.

Vor einem Bauernhof steigen sie von den Rädern.

Anja hämmert mit den Fäusten an das Tor. Aus dem Hof ist dröhnendes Gebell zu hören. Ein Mann öffnet das Tor.

„Ja, wo brennt es denn?", fragt er.

„Ich will meinen Hund abholen!", ruft Anja.

Mutter spricht mit dem Mann. Der nickt und führt die drei über den Hof zu einem Zwinger. Eine Bernhardinerhündin drückt ihren mächtigen Kopf gegen die Eisenstäbe. Vier wuschelige Welpen umspringen die Hunderiesin.

„Die nehme ich", sagt Anja begeistert. „Alle vier."

Aber Vater und Mutter gehen mit Anja ohne Hund vom Hof. Vater sagt: „Ein Bernhardiner ist zu groß für unsere kleine Wohnung."

Anja schluckt ein paar Tränen hinunter. Sie tritt kräftig in die Pedale, um recht schnell zu ihrem Hund zu kommen.

Mutter nennt die nächste Adresse.
Vater klingelt an der Haustür. Dahinter
ertönt wütendes Kläffen. Eine Frau öffnet
die Tür. Anja ist sofort von einer Meute
kleiner, langhaariger Hunde umringt.
Sie tragen Schleifen aus bunten Bändern
zwischen den Ohren. Die Hundezwerge
schnüffeln, springen an Anja hoch und
lecken ihr die Hände.
„Seid ihr aber süß", sagt Anja. „Euch
nehme ich alle mit."

„Das sind reinrassige Yorkshireterrier", sagt die Frau stolz.

Doch auch von hier fahren die Eltern und Anja ohne Hund weg.

Mutter sagt: „Diese Rasse ist für uns viel zu teuer."

Anja und ihre Eltern schauen sich noch viele Hunde an. Anja findet alle wunderschön. Sie würde jeden mit nach Hause nehmen. Aber der Afghanische Windhund rennt seinen Leuten gern davon.

Der Wachtelhund gehört in die Hand eines Jägers.

Der Affenpinscher kläfft zu viel.

Und ein Schäferhund sollte eine Aufgabe haben.

Es wird dunkel. Die drei sind auf dem Nachhauseweg. Das Körbchen auf Vaters Fahrrad ist noch immer leer. An der Leine fehlt der Hund. Nun rollen Anja die Tränen übers Gesicht.

„Fahren wir doch noch zum Tierheim", schlägt Mutter vor.

Im Tierheim bellt, miaut und zwitschert es. Ein Mann führt die drei zu all den Tieren, die ein Zuhause suchen. Neben Katzen und Vögeln gibt es auch Hunde.

Aus großen, dunklen Augen schauen sie durch die Gitter. Jeder scheint Anja zu bitten: „Nimm mich doch mit!"

Aber nur für einen von ihnen ist Platz in der Wohnung. Anja muss sich entscheiden. Das ist schwer. Schließlich nimmt sie einen kleinen Strolch auf die Arme.

„Ach, mein Wackeldackel", sagt sie zärtlich. „Kommst du mit mir?"

Der Hund schmiegt sich an sie. Anja fühlt sein Herz heftig klopfen. Sie legt ihren Hund an die Leine, setzt ihn in das Körbchen und sagt zu den Eltern: „Jetzt aber ab nach Hause. Wackeldackel will sein Abendessen haben."

Illustriert von Philip Hopman

Cornelia Funke

Der Fliegenfreund

Sophies Onkel Albert war der einzige Mensch, den sie kannte, der Fliegen mochte.

Onkel Albert liebte Fliegen. Wenn sich eine auf seine Nase setzte, scheuchte er sie nicht weg, wie alle andern das tun. Nein, Albert schielte auf sie hinunter und lächelte.

„Sieh nur", sagte er dann zu Sophie. „Wie anmutig sie ihre Flügel putzt. So gelenkig möchte ich auch mal sein."

Endlos lange konnte er so dasitzen und auf die Fliege schielen. Sophies Mutter machte das manchmal so nervös, dass sie die Fliege wegscheuchte.

„Och!", sagte Onkel Albert dann enttäuscht. „Jetzt hast du sie erschreckt. Ich weiß gar nicht, was ihr alle gegen Fliegen habt. Es sind doch wirklich ganz erstaunliche Wesen. Könnt ihr etwa die Wände hochlaufen? Na bitte."

Onkel Albert versuchte zweimal, die Wände hochzulaufen. Natürlich nicht vor den anderen Erwachsenen.

Nur Sophie durfte zusehen.

Aber leider klappte es nicht. Es klappte weder beim ersten noch beim zweiten Mal.

„Tja, vielleicht im nächsten Leben!",
seufzte er. „Vielleicht werde ich ja als
Fliege wieder geboren. Wenn man sich so
etwas ganz fest wünscht, dann klappt es
auch."

Sophie war sich da nicht so sicher. Aber
sie mochte Onkel Albert sehr. Sie mochte
ihn sogar fast ein bisschen lieber als alle
anderen Erwachsenen.

Zu seinem vierzigsten Geburtstag
schenkte Sophie ihm ein Fliegenbild, das
sie selbst gemalt hatte. Sechsundsiebzig
Fliegen waren da drauf – ungefähr

zumindest. Albert freute sich schrecklich. Er hängte das Bild über seinen Schreibtisch. Und sofort setzte sich eine echte Fliege drauf.

„Na bitte!", sagte Onkel Albert. „Du wirst später bestimmt mal eine große Malerin, Sophie."

Und dann setzte er sich an seinen Schreibtisch und betrachtete die Fliege. Die Fliege und das Bild von Sophie.

Illustriert von Cornelia Funke

Gerit Kopietz/Jörg Sommer

Tinka und Tiger

Tinka war ein besonders neugieriges Kätzchen. Vom ersten Tag an war sie lebhafter als ihre vier Geschwister. Den ganzen Tag schaute sie aus der kleinen Baumhöhle sehnsüchtig auf den großen Park. Dort war so viel los. Wie gerne wäre sie auf Erkundungsreise gegangen.

Aber Mama hatte ihren Kindern streng verboten, die Höhle zu verlassen: „Wir leben in einem Zoo. Und da ist es für Katzenkinder ganz besonders gefährlich."

Zu gerne hätte Tinka gewusst, was denn ein Zoo ist. Aber Mama sagte immer nur: „Das wirst du noch früh genug lernen, mein Kätzchen."

Heute war Tinka ganz besonders unruhig. Den halben Nachmittag war Mama nun schon auf Futtersuche. Draußen im Park liefen viele Menschen,

sie lachten, und die kleinen Menschenkinder hüpften fröhlich über die Wiese.
Da hielt es Tinka nicht länger. Zum ersten Mal in ihrem Leben wagte sie sich aus der Höhle.

Draußen war es ungeheuer interessant. Die Menschenkinder wurden immer ganz aufgeregt, wenn sie Tinka sahen, und rannten ihr nach. Aber sie war vorsichtig. Als ihr ein kleiner Junge zu nahe kam, schlüpfte sie schnell zwischen zwei Gitterstäben hindurch.

Plötzlich hörte sie hinter sich ein tiefes Knurren: „Was haben wir denn da?"

Tinka fuhr herum. Ein großes graues Tier stand vor ihr und leckte sich die Schnauze. „Endlich bringen sie uns Wölfen mal richtiges Futter." Knurrend kam der Wolf näher.

Tinka packte die Angst. Blitzschnell schlüpfte sie zwischen den Gitterstäben hindurch und rannte los, so schnell sie konnte. Als Tinka endlich wieder zur Ruhe kam, erschrak sie erneut. Wo war sie?

Diese niedrigen Häuschen und dahinter die Rasenfläche mit den Bänken darauf hatte sie noch nie gesehen. Sie hatte sich verlaufen.

Tinka suchte überall nach Mamas Höhle, doch sie konnte sie nicht finden. Bald wurde es Abend. Die Menschen verließen den Zoo, und es wurde still.

Tinka war hungrig und müde. Da sah sie hinter einer Mauer einen Baum, der ihr vertraut vorkam. War in seinem Stamm nicht Mamas Höhle versteckt? Tinka hatte es eilig. Sie sprang auf die Mauer, hüpfte auf der anderen Seite hinab – und landete mitten in einem Wassergraben. Tinka schlug mit allen vier Pfoten um sich, japste und jaulte und ging unter. „Mama!", rief sie. Sie hatte schreckliche Angst zu ertrinken.

Plötzlich packte sie etwas am Genick und zog sie aus dem Wasser. Sanft wurde sie auf dem Trockenen abgesetzt. Sie schüttelte sich und blickte dann erstaunt

in das Gesicht einer riesengroßen Katze, viel größer als Mama.

„Ich bin Tiger, und wer bist du?", fragte die große Katze. Ihre tiefe Stimme kitzelte in Tinkas Bauch.

Tinka stellte sich vor und berichtete über ihre abenteuerliche Reise durch den Zoo.

Tiger lachte und schlug vor: „Du kannst morgen weiterziehen. Ich glaube, ich weiß, wo du hinwillst. Aber heute ist es schon zu spät. Es wird gleich dunkel. Komm erst mal mit zu meinem Futternapf!

Da hauen wir uns ordentlich den Ranzen voll. Schlafen kannst du ruhig bei mir."

Tinka fraß, bis sie nicht mehr konnte, dann merkte sie, wie müde sie war, und ehe sie sich's versah, war sie eingeschlafen.

Als am nächsten Morgen der Zoo öffnete, staunten die Besucher nicht schlecht. Schließlich kommt es nicht alle Tage vor, dass eine Katze und ein Tiger eng aneinander gekuschelt in einem Gehege schlafen.

Illustriert von Pieter Kunstreich

Ingrid Uebe

Der Geburtstagswunsch

Peter hatte diesmal nur einen einzigen Geburtstagswunsch. Er wünschte sich einen kleinen Dinosaurier. Zuerst sagte er es Mama. Die schlug vor Schreck die Hände über dem Kopf zusammen und rief: „Aber Peter, das geht nicht. Es gibt doch gar keine Dinosaurier mehr. Sie sind doch längst ausgestorben."

„Ich will aber unbedingt einen haben", sagte Peter. „Du musst mit Papa darüber sprechen. Bestimmt kann er irgendwo einen besorgen."

Peter hatte großes Vertrauen zu seinem Vater. Zu seiner Mutter natürlich auch. Und zusammen waren die beiden einfach unschlagbar.

Am Abend, als Peter schon schlief, sprach Mama mit Papa.

„Einen kleinen Dinosaurier?", fragte

Papa und schüttelte den Kopf. „Der Junge ist wohl verrückt! Wo soll ich denn einen kleinen Dinosaurier herkriegen?"

„Ich weiß auch nicht", sagte Mama. „Aber Peter glaubt fest daran, dass du alles kannst. Auch das Unmögliche."

Papa wollte sehr gern alles können. Auch das Unmögliche. Und vor allem wollte er, dass Peter fest daran glaubte.

Also beschloss er, sich umzugucken.

Am nächsten Tag ging er in die Tierhandlung und sagte: „Ich hätte gern einen kleinen Dinosaurier."

Der Tierhändler sah ihn erstaunt an. „Dinosaurier haben wir nicht", antwortete er. „Weder große noch kleine. Aber wir haben sehr niedliche Meerschweinchen. Die nehmen wenig Platz weg."

Papa schüttelte den Kopf. „Nein, Meerschweinchen kann ich nicht brauchen. Mein Peter hat sich einen kleinen Dinosaurier zum Geburtstag gewünscht. Etwas anderes will er nicht haben."

„Vielleicht versuchen Sie es einmal im Warenhaus", sagte der Tierhändler. „Da haben sie eine größere Auswahl. Sie können unter ihrem Dach ja auch mehr unterbringen."

Da ging Papa ins Warenhaus. Er fuhr mit der Rolltreppe in die Tierabteilung. Dort gab es Streifenhörnchen, Fische, Wellensittiche und kleine Hunde. Nur Dinosaurier sah er nicht.

Der Verkäufer runzelte die Stirn, als Papa danach fragte. „Dinosaurier führen wir nicht", sagte er. „Die Nachfrage ist nur gering. Genau genommen, sind Sie der Erste, der einen haben will."

Papa fuhr mit der Rolltreppe wieder nach unten und verließ das Warenhaus. Er wollte sich schon betrübt auf den Heimweg machen – da hatte er eine gute Idee: Vielleicht konnte er es im Zoo versuchen! Auf alle Fälle würde man ihm dort eine sachkundige Auskunft geben.

Also fuhr Papa zum Zoo. Er kaufte eine

Eintrittskarte und fragte gleich an der Kasse nach dem Direktor. Ein Wärter zeigte ihm den Weg.

  Achtlos ging Papa an den Elefanten, den Bären, Löwen und Tigern vorbei. Er warf auch keinen Blick auf die Affen. Nein, er marschierte schnurstracks ins Büro des Zoodirektors, der hinter einem riesigen Schreibtisch thronte.

  „Guten Tag, Herr Direktor!", sagte Papa. „Können Sie mir vielleicht sagen, wo man kleine Dinosaurier bekommt? Ich weiß, dass das schwierig ist, vielleicht sogar unmöglich. Aber mein Peter will unbedingt einen zum Geburtstag haben."

Der Zoodirektor seufzte. „Ich würde auch sehr gern einen kleinen Dinosaurier haben", sagte er dann. „Zum Geburtstag oder auch an jedem anderen Tag meines Lebens. Dafür würde ich alles geben, was ich besitze, und alles tun, was man von mir verlangt. Aber das ist nur ein Traum. In Wirklichkeit weiß ich, dass der letzte Dinosaurier vor ungefähr fünfundsechzig Millionen Jahren gestorben ist. Ich kann Ihnen beim besten Willen nicht helfen."

„Schade!", sagte Papa bedauernd. „Im Grunde habe ich das befürchtet. Aber ich wollte nichts unversucht lassen."

Traurig machte er sich auf den Heimweg.

Mama sah ihm natürlich gleich an, dass er nirgendwo einen kleinen Dinosaurier bekommen hatte. Aber Peter merkte nichts. Er freute sich sehr auf seinen Geburtstag. Er war schon ganz aufgeregt. Beim Abendbrot sagte er: „Morgen ist es so weit. Morgen geht mein großer Wunsch in Erfüllung."

„Hör mal, mein Junge", sagte Papa, „ich fürchte …" Aber mehr sagte er nicht.

Mama schüttelte leise den Kopf und legte einen Finger auf die Lippen. Da schluckte Papa den Rest mit einem Stück Butterbrot runter.

Als Peter im Bett lag, ging Mama an ihren Nähkasten und kramte eine Weile darin herum. Dann setzte sie sich zu Papa aufs Sofa.

Sie sagte lächelnd: „Wenn man keinen Dinosaurier kaufen kann, dann muss man eben selbst einen machen."

Mama legte ein Stück grünen Samt auf den Tisch und schnitt es zu. Dann nahm sie Nadel und Faden und begann, zu nähen. Papa sah zu.

Kurz vor Mitternacht hatte Mama den kleinen Dinosaurier endlich fertig.
Er war etwa so groß wie ein Teddybär.
Er hatte einen festen, weichen Körper und einen langen, beweglichen Hals.
Er blickte aus blanken Knopfaugen vergnügt in die Welt.

Am nächsten Morgen brannten auf Peters Geburtstagstisch acht Kerzen. Daneben stand eine Vase mit bunten Blumen. Davor lagen die Geschenke: ein Spiel, ein Buch, ein Pullover, eine Tafel Schokolade. Und dann noch ein hohes, viereckiges Paket.

Peter packte es aus und strahlte über das ganze Gesicht. Ein kleiner, samtweicher grüner Dinosaurier reckte ihm seinen Hals entgegen.

„Er ist wunderschön!", rief Peter

begeistert. „Genau so einen Dinosaurier habe ich mir gewünscht. Eigentlich ist er besser als ein lebendiger, weil er nicht wächst und weil ich ihn überall mit hinnehmen kann."

„Ja, da hast du Recht", sagte Papa nun erleichtert. „Wenn du willst, kannst du ihn schon heute Nachmittag mit in den Zoo nehmen. Ich lade euch ein. Vielleicht begegnen wir dem Zoodirektor. Ich bin sicher, dass er ganz neidisch ist, wenn er deinen kleinen Dinosaurier sieht."

Das war ein guter Vorschlag! Peter nickte begeistert. Ein Zoobesuch war noch ein Geburtstagsgeschenk mehr. Er bewunderte nun auch die anderen Sachen, die er bekommen hatte. Seinen kleinen Dinosaurier ließ er dabei nicht los.

Illustriert von Heinz Ortner

Cornelia Funke

Tiger und Leo

Jans Hund hieß Tiger. Sein bester Freund Max fand, dass das ein alberner Name war für einen kleinen schwarzen Hund, aber der hatte sowieso immer was zu meckern.

Tiger war faul und verfressen, bellte den Briefträger und die Mülleimerleute an, bis er heiser war, lag auf dem Sofa, obwohl Mama es verboten hatte, und war für Jan der wunderbarste Hund, den er sich vorstellen konnte. Wenn er Schularbeiten machte, legte Tiger sich auf seine Füße. Und wenn er morgens aufstehen musste, zog Tiger ihm die Decke weg und leckte

ihm so lange die Nase, bis er die Beine aus dem Bett streckte.

Jan und Tiger waren sehr glücklich miteinander. Bis Oma sich das Bein brach. Ja, damit fing der ganze Ärger an. Oma hatte einen dicken Kater namens Leo, und der konnte natürlich nicht allein bleiben, während Oma mit ihrem Gipsbein im Krankenhaus lag. Was machte Mama also? Obwohl sie genau wusste, dass Tiger Katzen nicht leiden konnte. Dass er ganz verrückt wurde, wenn er eine sah.

„Wir nehmen Leo", sagte sie. „Das wird schon klappen."

Gar nichts klappte!

Papa musste dauernd niesen, weil er die Katzenhaare nicht vertrug, und Tiger – Tiger hatte den ganzen Tag nichts anderes mehr im Kopf als den Kater.

Am ersten Tag lag Leo nur auf dem Wohnzimmerschrank und schlief. Das heißt, er tat so, als ob er schlief. In Wirklichkeit blinzelte er zu Tiger hinunter, der stundenlang vor dem Schrank saß

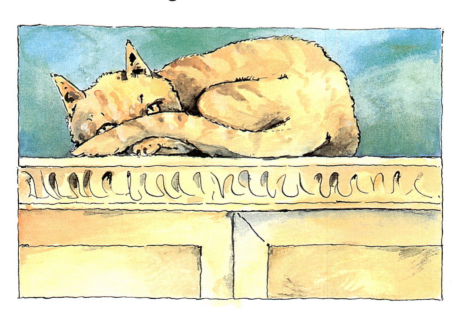

und zu Leo hinaufsah. Wenn der Kater fauchte, wedelte Tiger mit dem Schwanz. Und wenn der Kater das orangefarbene Fell sträubte, bellte Tiger. Stundenlang vertrieben die beiden sich so die Zeit. Nicht ein einziges Mal legte Tiger sich auf Jans Füße.

Am nächsten Morgen wurde Jan wie immer davon wach, dass jemand seine Nase leckte. Aber irgendwie fühlte die Zunge sich rauer an als sonst.

Verschlafen hob Jan den Kopf – und guckte in Leos bernsteinfarbene Augen. Dick und fett saß der Kater auf seiner Brust und schnurrte.

Die Zimmertür war zu und keine Spur von Tiger.

Können Kater Türen zumachen?

Leo schnurrte, grub seine Krallen ins Bett und rieb seinen dicken Kopf an Jans Kinn. Nett fühlte sich das an. Sehr nett. Obwohl Jan Katzen eigentlich nicht mochte.

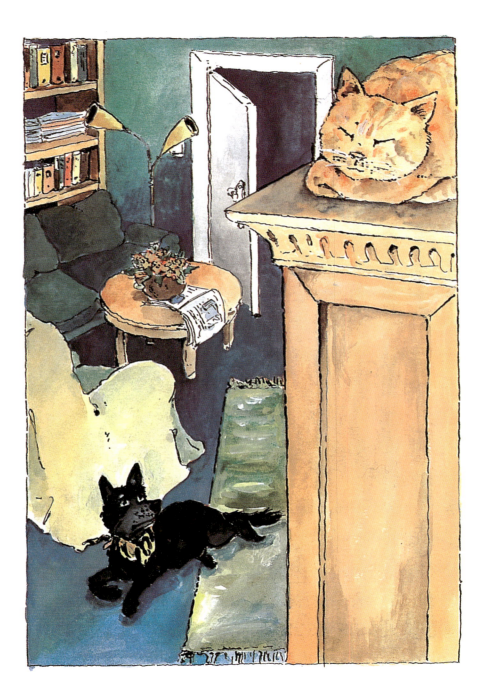

Als Jan Leo hinter den Ohren kraulte, schnurrte der, als wäre ein kleiner Motor in seinem Bauch.

„Jan?" Mama machte die Tür auf. „Hast du Tiger ausgesperrt?"

Eine schwarze Fellkugel schoss durch Mamas Beine. Mit lautem Gebell sprang Tiger auf Jans Bett und fletschte die kleinen Zähne. Fauchend fuhr Leo hoch, machte einen Buckel und rettete sich mit einem Riesensatz auf den Schreibtisch.

Dann jagte Tiger Leo durch die Wohnung. Mama und Jan konnten nur dastehen und sich die Ohren zuhalten. Bellend und fauchend rasten Hund und Kater vom Wohnzimmer in den Flur, vom Flur in die Küche und von der Küche zurück ins Wohnzimmer, wo Leo sich endlich mit gesträubtem Fell auf dem Schrank in Sicherheit brachte.

„Oh nein!", stöhnte Mama. „Nun sieh dir das an."

Die Blumentöpfe waren von den Fensterbrettern gefegt. Der Wohnzimmertisch war zerkratzt von Leos Krallen, und auf dem Küchenfußboden schwammen kaputte Eier in einer Pfütze Gemüsesuppe. Tiger war gerade dabei, sie aufzuschlecken.

„Wie sollen wir denn bloß die nächsten drei Wochen überstehen?", fragte Mama. „Ich glaub, wir müssen den Kater doch ins Tierheim bringen."

„Nein!", rief Jan erschrocken. Er musste an Leos raue Zunge denken, an den Schnurrmotor und seine bernsteinfarbenen Augen. „Ich werd mich um die zwei kümmern, Mama. Heiliges Ehrenwort." Und das tat er.

Jan gewöhnte den beiden an, nebeneinander zu fressen. Das war nicht einfach, weil Tiger viel schneller fraß und dann Leos Futter klauen wollte. Er schlief mit Leo auf den Füßen und Tiger auf dem Kissen, auch wenn die zwei sich manchmal auf seinem Bauch rauften. Er legte Tiger eine Decke in seinen Korb, die nach Leo roch, und brachte dem Kater bei, nicht gleich einen Buckel zu machen, wenn Tiger auch auf Jans Schoß wollte.

Es war Schwerstarbeit, aus den beiden Freunde zu machen. Aber Jan schaffte es. Mit Streicheln, bis ihm die Finger prickelten, und vielen, vielen Hunde- und Katzenbrekkies als Bestechungsmittel.

Aber als dann eines Abends beim Fernsehen Leo seinen dicken Kopf auf Jans linkes Knie legte und Tiger seine schwarze Schnauze auf sein rechtes, da wusste Jan, dass sich die Mühe gelohnt hatte.

Illustriert von Cornelia Funke

Elisabeth Zöller

Schokoladenhasen-Jagd

Willi ist der Jagdhund unseres Nachbarn. Willi jagt aber nicht nur, wenn unser Nachbar auf Jagd geht. Willi macht Jagd auf alles, was ihm vor die Pfoten kommt. Er macht Jagd auf Pantoffeln, die im Haus herumstehen, auf Teppiche, auf Torten, Kekse, Äpfel und Bananen. Kurz, alles, was sich in seiner Reichweite befindet, wird von ihm angebissen oder sogar verschlungen.

„Ein Hund muss halt erzogen werden", sagt Mama manchmal ärgerlich, wenn Willi wieder Beute gemacht hat. Aber das ist ja die Aufgabe des Nachbarn.

Ostersonntagmorgen machen wir immer einen Spaziergang mit Papa. In der Zeit versteckt Mama Eier und Osterhasen in unserem Garten. Wir sind sehr, sehr gespannt und aufgeregt. Die Sonne scheint, aber das Wetter ist noch ein bisschen frisch. Wir haben Spaß, obwohl wir sonst bei Spaziergängen ganz oft meckern.

Wir kommen zurück von unserem Spaziergang und fangen gleich mit dem Ostereiersuchen an. Und da, mitten in den Tulpen, steht der erste Schokoladenhase. Schon greife ich zu, da stürmt Willi heran, und schnapp! – weg ist der Hase. Wir reiben uns die Augen, und dann prusten wir los: Willi hat in seiner Schnauze den Osterhasen, er hält ihn an den Ohren und wedelt mit ihm herum.

Wir müssen wirklich lachen, doch dann wird Mama sauer und sagt: „Dafür hab ich ihn aber nicht versteckt! Ich möchte wirklich mal wissen, warum unser

Nachbar diesen Hund nicht in seinem Garten behalten kann!" Mama ist traurig, weil der Ostersonntag ganz anders ist als geplant.

Nach einer Stunde hat Mama sich beruhigt. Wir haben alle Hasen und Eier eingesammelt, und nun sitzen wir auf der Terrasse und essen die Ostertorte, die Papa gestern gebacken hat.

Und da kommt Willi schon wieder angestürzt.

„Was er jetzt wohl anstellt?", seufzt Mama.

Willi buddelt und buddelt hinten im Garten. Dann zieht er etwas aus dem Loch. Er kommt zu uns, im Maul hat er einen alten, dreckigen Knochen. Den legt er Mama auf den Schoß. „Oh nein", sagt sie. Wir müssen lachen.

„Siehst du", sage ich, „es tut ihm Leid. Er gibt dir etwas zurück für den Schokoladenhasen."

Willi ist schon ein lustiger Hund. Mama lächelt, und Papa sagt dazu: „Der Hund ist doch gut erzogen!"

Illustriert von Wilfried Gebhard

Norbert Landa

Der Schatz im Silberschiff

Dolfi spielte gerne in den Schiffswracks. Manchmal schwamm er auch ganz allein auf Entdeckungsreise. Die Wracks lagen, halb im Schlick versunken, auf dem Meeresgrund. Mit Muscheln und Krebsen besiedelt, von Algen und Korallen

überwuchert, sah so ein altes Wrack aus wie ein Hügel mit Löchern. Der Delfin Dolfi wusste natürlich nicht, dass viele dieser Wracks alte Segelschiffe waren, die vor langer Zeit Gold und Silber von Amerika nach Europa gebracht hatten. Dabei waren einige der Schiffe untergegangen.

    Heute hatte Dolfi ein neues Wrack gefunden. Er umkreiste es vorsichtig. Vor einem Leck verharrte er. Dolfi klickte. Das war aber eine große Höhle! Ohne Angst schwamm der junge Delfin in die dunkle Grotte hinein, die früher der Schiffsbauch gewesen war. Delfine finden sich auch im Finstern zurecht. Dolfi musste nur klicken und auf das Echo lauschen. Schon wusste er, wie groß die Höhle war und wo der Ausgang lag.

    Dolfi entdeckte viele merkwürdige und ihm unbekannte Dinge, zum Beispiel diese große Kiste oben an der Wand. Der Delfin stupste sie mit der Schnauze an.

    Da rumpelte es. Dolfi fuhr erschrocken

zurück, und die Kiste sank zu Boden.
Jetzt versperrte sie den Ausgang.

Dolfi war gefangen. Aber vielleicht konnte er die Kiste vom Loch wegstupsen? Dolfi versuchte es mit aller Kraft. Nein, sie war viel zu schwer. Meter für Meter suchte Dolfi den Schiffsbauch ab.

Es gab keinen anderen Ausgang. Und er hatte nur noch wenig Zeit. Bald musste er wieder auftauchen, um Luft zu holen.

„Hilfe, Hilfe, ich bin in Not!", klickte er in der Delfinsprache. Sein Hilferuf drang weit durch das Wasser. Die anderen Delfine machten sich sofort auf den Weg und

tauchten zum Wrack hinunter. Hinter der Wand hörten sie Dolfis Klicken. Doch sie konnten ihm nicht helfen. Die Kiste, die den Eingang versperrte, war zu schwer.

Ratlos kreisten die Delfine um das Wrack, sprangen aus dem Wasser und tauchten wieder ab.

Dolfi konnte sie hören. Aber warum halfen sie ihm nicht?

Die Delfine tasteten mit ihrem Schwanz den Schiffsrumpf ab. Vielleicht war das Holz irgendwo so morsch, dass sie es mit vereinten Kräften zerbrechen konnten, um Dolfi zu befreien?

Und wirklich – zwei der Schiffsplanken hingen nur noch ganz lose im Schiffsrumpf. Die Delfine zerrten und stießen von außen, und Dolfi warf sich von innen mit voller Wucht dagegen.

Endlich gaben sie nach.

Dolfi war frei. Die Delfine schwammen sofort hoch an die Oberfläche. Ausgelassen sprangen sie aus dem

Wasser. Das war gerade nochmal gut gegangen.

Und Dolfi hatte fürs Erste auch keine Lust mehr, in den alten Schiffswracks auf dem Meeresgrund zu spielen.

Illustriert von Bernhard Oberdieck

Elisabeth Zöller

Schneewittchen bekommt Junge

„Es ist so weit!", ruft Uta. „Es ist so weit!" Und schon ist sie weg, um möglichst alles mitzubekommen hinten im Kaninchenstall.

Jörg und Tine rennen hinterher. Uta steht vor dem großen Nest, das sie gestern gebaut haben, extra für Schneewittchen, wenn sie ihre Jungen bekommt.

Schneewittchen ist ein großes, schneeweißes Kaninchen. Schneewittchen ist schon seit zwei Jahren in Utas Kaninchenstall. Aber erst jetzt, in diesem Jahr, haben sie ein zweites Kaninchen dazugesetzt.

Viele haben gesagt: „Das ist gefährlich, das kann man nicht machen, wenn ein Tier daran gewöhnt ist, allein zu sein. Weil Tiere, die lange allein sind, ein anderes anfallen könnten, wenn es plötzlich da ist."

Aber bei Schneewittchen ist es gut gegangen. Uta hat Bommel einfach mit in den Käfig gesetzt.

Sie hat ihn in der Schule geschenkt bekommen. Bommel ist ein Kaninchen mit einem rötlichen Fell. Bommel ist kleiner als Schneewittchen. Bommel wird auch nicht größer. Er ist ausgewachsen.

Und auf einmal haben sie gemerkt, dass Schneewittchen einen dicken Bauch bekam.

„Schneewittchen bekommt Junge", hat Mama gesagt. „Oho, da habt ihr dann aber eine große Kaninchenfamilie zu versorgen."

„Aber die Jungen können wir doch verschenken", hat Uta vorgeschlagen.

„Ist bestimmt besser so", hat Mama gemurmelt. „Hoffentlich will sie jemand!"

Jetzt endlich ist es so weit. Sie stehen alle um das große Nest herum. Sie haben sogar noch einen Maschendraht um das Nest gezogen, damit die Kleinen in Ruhe aufwachsen und durch die Gegend hoppeln

können. Um Schneewittchen nicht zu stören, sind alle ganz leise.
Schneewittchen presst. Auf einmal kommt das erste Junge heraus, ganz verschmiert.

„Igitt", schreit Uta, aber Tine nimmt das Junge in die Hand. Sie putzt es mit Stroh ab, bis die Schmiere, die es im Bauch der Mutter geschützt hat, verschwunden ist.

Dann setzt sie es ganz nah an Schneewittchen heran.

Schneewittchen bekommt noch mehr Junge. Es sind insgesamt fünf, und als die

Kinder alle abgerieben haben, sehen die Kleinen wirklich wie winzige mittelbraune Wollknäulchen aus.

Nein, da ist eins, das ist nicht einfach mittelbraun, das hat einen weißen Kopf und weiße Ohren wie Schneewittchen und ein weißes Schwänzchen. Und sonst hat es ein rötliches Fell.

Schneewittchen scheint erschöpft zu sein. Schließlich dreht sie sich um und leckt die Kleinen der Reihe nach ab. Mensch, sieht das niedlich aus!

„Wir müssen ihnen etwas zu trinken geben", ruft Uta.

Aber Mama beruhigt sie: „Das regeln die schon selbst." Und richtig, schon fangen die Kleinen an, bei Schneewittchen ein wenig zu saugen. Sie saugen und trinken. Und als sie dann satt sind, fallen sie fast wie reife Birnen von Schneewittchen wieder ab. Einfach süß, die Kleinen!

Uta schaut zum Himmel. „Müssen wir

nicht einen Sonnenschirm aufstellen, damit hier Schatten ist?"

„Gute Idee", sagt Mama. „Denn Sonne ist sicher nicht gut für die Kleinen."

Uta holt mit Jörgs Hilfe den großen Sonnenschirm aus der Garage und stellt ihn auf. Dann holt sie noch Trinkwasser für Schneewittchen. Auch Futter. Im Augenblick will Schneewittchen noch nicht

fressen. Sie ist zu erschöpft. Aber sie hat das Wasser und das Futter sicher sehr nötig. Im Nest liegt Schneewittchen, mit lauter kleinen Knäulchen um sich herum. Das sieht sehr schön aus.

   Und Bommel? Na, habt ihr so was schon mal gesehen? Interessiert ihn alles gar nicht – er liegt im Nachbarkäfig und schläft! „Wach auf, Bommel!", sagt Uta. „Du hast fünf Kinder!"

Illustriert von Wilfried Gebhard

Elisabeth Zöller

Der Spaziergang

Anne hat einen Kanarienvogel. Er heißt Pumpernickel. Er hat blaue Federn am Körper und oben am Hals schwarz-weiß gemusterte. Er sitzt auf der Stange in seinem Käfig und piept vor sich hin.

Pumpernickel fühlt sich wohl. Jeden Tag gibt Anne Pumpernickel neue Körner und frisches Wasser. Nachts hängt Anne ein Tuch über Pumpernickels Käfig, damit er seine Ruhe hat und nicht durch Licht geweckt wird, das vielleicht von

Autos auf der Straße in das Zimmer geworfen wird. So ist er auch vor Zugluft geschützt.

Es klingelt vorn an der Tür. Anne öffnet. Da steht Klara. Klara hat ihren Puppenwagen auf der Straße stehen, und darin hat sie ihr Kaninchen Bert. Das sieht sehr lustig aus, weil sie das Kaninchen mit einer Decke zugedeckt hat. Berts lange Ohren ragen über den Wagenrand.

„Ich will einen Kaninchen-Spaziergang machen. Gehst du mit?", fragt Klara.

„Au ja", antwortet Anne. Sie dreht sich um. Doch wen kann sie mitnehmen auf den Kaninchen-oder-was-auch-immer-Spaziergang? Die Fische von Papa kann man doch nicht mitnehmen! Die durchkreuzen nur stumm das Aquarium.

Plötzlich hellt sich Annes Gesicht auf. Sie holt aus ihrem Zimmer den alten hölzernen Puppenwagen. Für diesen Spaziergang ist er genau richtig. Sie nimmt alle Kissen heraus und rollt ihn zu Pumpernickels Käfig. Sie nimmt den Käfig hoch und stellt ihn in den Wagen. Dann geht sie zu Klara: „Wir können losgehen. Pumpernickel muss ja schließlich auch frische Luft haben."

Pumpernickel hat sich auf die oberste Stange im Käfig gesetzt und schaut fröhlich piepsend in die Gegend. Für den Notfall nimmt Anne noch eine Decke mit, denn Wellensittiche dürfen keinen Zug abbekommen.

Jetzt ziehen sie los. Sie wollen nämlich zum Spielplatz. Anne und Klara müssen immer wieder lachen, wenn Leute stehen bleiben und verwundert in ihre Puppen-wagen schauen. Ein Tier-Spaziergang ist viel lustiger als ein Puppen-Spaziergang!

Auf dem Spielplatz ist es windig. Anne nimmt die Decke und breitet sie über den Käfig. Dabei beruhigt sie Pumpernickel: „Jetzt musst du ein wenig im Dunkeln verschwinden. Ich erzähle dir alles, was auf dem Spielplatz passiert."

Und dann beschreibt Anne die Schaukel, die Rutsche und das Labyrinth. Pumpernickel piepst unter seinem Tuch. Klara krault ihr Kaninchen hinter seinen langen Ohren, damit ihm nicht langweilig wird. Irgendwie scheint sich Bert nicht für Annes Erzählung zu interessieren.

„Ob Bert wohl frisches Gras mag?", fragt Klara Anne.

„Klar! Neben dem Labyrinth wächst sogar Klee", antwortet Anne.

Klara hebt Bert aus dem Wagen und setzt ihn ins Gras. Er schnüffelt, hoppelt ein wenig und frisst. „Schade, dass

Pumpernickel im Käfig bleiben muss", denkt Anne.

Als Klara sich nach den Kleeblättern bückt, passt sie einen kurzen Moment nicht auf – und schon ist es passiert! Bert hoppelt davon. Direkt ins Labyrinth! Klara und Anne laufen aufgeregt hinterher. Nach links, nach rechts, immer tiefer in die verwinkelten Gänge.

„Ich hab ihn!", schnauft Klara endlich erleichtert. „Aber wie finden wir wieder zurück?" In der Aufregung haben Anne und Klara nicht auf den Weg geachtet.

Plötzlich hören sie ein empörtes Piepsen. „Das ist Pumpernickel!", sagt Anne. „Er langweilt sich unter seinem Tuch."

Anne und Klara laufen dem Piepsen entgegen. „Pumpernickel hat uns den Weg aus dem Labyrinth gezeigt!", ruft Anne. „Gut, dass ich ihn mitgenommen habe."

Illustriert von Wilfried Gebhard

Cornelia Funke

Salambos Kinder

Oma rief an, als Luisa an den Schularbeiten saß.

Luisa hielt den Hörer ein Stück von ihrem Ohr weg, weil Oma immer ins Telefon brüllte.

„Beeil dich, Süße!", rief Oma. „Sie kommen!"

Da ließ Luisa den Hörer fallen und rannte los. Ohne den Füller zuzumachen, ohne sich die Jacke anzuziehen.

„Sie kommen!", rief sie Mama zu, sprang in großen Sätzen die Treppe runter, schnappte sich ihr Fahrrad und raste davon. Völlig atemlos kam sie vor Omas Gartentor an.

Der Stall lag am Ende des Gartens, unter den hohen Holunderbüschen. Leise öffnete Luisa die Tür und schlich hinein.

Im Stall war alles anders als sonst. Ein Absperrgitter teilte die hintere Hälfte ab. In ihr drängten sich Omas wunderschöne Hennen. Furchtbar aufgeregt waren sie, hackten gegen den Draht, scharrten mit den Krallen im Stroh und gackerten so zornig, wie Luisa sie noch nie gehört hatte.

„Sie sind eifersüchtig", sagte Oma, die neben der Tür im Stroh saß. Lächelnd zog sie Luisa zu sich auf den Schoß. Das tat sie immer, obwohl Luisa schon so groß war, dass sie ihr bis zum Busen reichte.

„Da, guck!" Oma zeigte auf ein Holznest, das im Stroh kaum zu erkennen war. Eine braune Henne saß darin, getrennt von allen andern. Es war Salambo, Luisas Lieblingshenne.

„Ist schon eins da?", flüsterte Luisa.

Oma nickte und ging vorsichtig auf das Nest zu. Beruhigend streichelte sie Salambo die braunen Federn. Dann griff sie ins Nest und hob behutsam ein kleines zwitscherndes Etwas heraus.

Luisa hielt die Luft an.

Oma setzte ihr das Küken vorsichtig in die Hand. „Leg deine andere Hand wie eine Decke drüber. Du wirst sehen, dann wird es ganz ruhig."

Luisa hatte immer geglaubt, alle Küken seien gelb, aber dies hier war braun gesprenkelt. Hektisch pickte es mit seinem winzigen Schnabel an Luisas Fingern, aber als sie ihre Hand über seine Flügelchen legte, wurde es ganz still – wie Oma gesagt hatte.

Wunderwunderschön fühlte das Küken sich an. Leicht und weich, als bestünde es nur aus Federn. Ein ganz bisschen feucht waren die Federn noch. Die Füßchen kitzelten Luisas Hand.

Sie lugte durch ihre Finger. Wie in einer Höhle saß das kleine Ding da und kuschelte sich in ihre Handfläche.

Oma ging zurück zum Nest, streichelte Salambo und sah nach den übrigen Eiern. „Na bitte", sagte sie. „Da sind noch zwei geschlüpft. Ein geschecktes und ein weißes. Mal sehen, wer im letzten Ei steckt."

Eins nach dem anderen hob Oma die Küken aus dem Nest und setzte sie ins Stroh. Wie aufgezogen fingen sie an, herumzutrippeln, piepsten und pickten, als wären sie schon seit vielen, vielen Tagen auf der Welt.

Die anderen Hennen starrten durch das Absperrgitter, als wollten sie die Küken auffressen. Immer wieder hackten sie gegen den Draht, scharrten und gackerten. Manche versuchten sogar, ihre Köpfe durch die engen Maschen zu zwängen. Zwei kletterten die Leiter zu den Nestern hinauf, hüpften in die Holzkästen und rollten mit den Kalkeiern, die Oma immer hineintat, damit die Hennen ihre Eier dazulegten. Beunruhigt sah Luisa zu ihnen rüber.

„Tja. Können einem fast Leid tun, die Ärmsten", seufzte Oma. „Sie hätten auch gern Küken, weißt du? Aber daraus wird nichts, ihr Lieben."

Luisas Oma hatte nämlich keinen Hahn. Die Eier, die Salambo ausbrütete, hatte sie von einem Bauernhof geholt. Für Luisa. Damit sie mal sehen konnte, wie Küken schlüpfen.

„Lass deins jetzt auch ein bisschen laufen", sagte Oma.

Vorsichtig setzte Luisa das Küken auf den Boden. Sobald sie die Hand wegnahm, flitzte es los. Piepsend und pickend.

Das letzte Küken schlüpfte eine halbe Stunde später. Es war pechschwarz.

Oma stellte Kükenfutter hin. Dann versorgte sie Salambo mit Wasser und Futter und setzte sie zu ihren Kindern ins Stroh. Richtig wackelig war die Henne

noch auf den Beinen. Schließlich hatte sie wochenlang auf den Eiern gehockt. Nur zum Fressen war sie aus dem Nest geklettert und auch das oft nur, wenn Oma sie heraushob.

  Als es draußen dunkel wurde, krochen die Küken unter Salambos Gefieder, bis nur noch vier kleine Köpfchen herausguckten. Luisa hätte stundenlang dasitzen und sie nur anschauen können.

Aber Oma sagte, dass Salambo und ihre Kinder jetzt ein bisschen Ruhe bräuchten. Die anderen Hennen hatten sich beruhigt und saßen leise gackernd auf ihren Stangen, die Köpfe im Gefieder. Da schlichen Oma und Luisa sich aus dem Stall.

„Kann ich morgen wieder kommen?", fragte Luisa. „Gleich nach der Schule?"

„Sicher", sagte Oma. „Du musst den Kleinen doch Namen geben."

Und das tat Luisa. Das gescheckte Küken, das in ihrer Hand gesessen hatte, nannte sie Mia, das weiße Wölkchen, das schwarze Pips und das vierte Sophie, weil so ihre beste Freundin hieß.

Illustriert von Cornelia Funke

Elisabeth Zöller

Die Schlange im Klo

„Der hat wirklich eine Schlange", sagt Fabian zu Mama. „Der Florian von nebenan."

Dort sind nämlich neue Leute eingezogen, und Fabian ist eben hinübergegangen, um zu schauen. Fabian wartet nämlich auf jemanden, mit dem er spielen kann. Und da hat auf einmal Florian vor ihm gestanden. Florian hat gefragt, ob Fabian Lust hat, mal zu gucken, was er in seinem Zimmer hat. Und Fabian ist mitgegangen.

In der Ecke des Zimmers steht ein

großer Glaskasten. In diesem Terrarium, Fabian hat sich fast erschrocken, liegt eine große Schlange.

„Die ist überhaupt nicht gefährlich", hat Florian zu Fabian gesagt. „Das denken nur alle Leute, dass Schlangen gefährlich sind."

Und jetzt steht Fabian in der Küche bei Mama und sagt ihr: „Der hat wirklich eine Schlange, eine Schlange als Haustier. Das hat er mir erzählt."

Mama schüttelt nur den Kopf. „Wie kann man eine Schlange haben? Das sind doch gefährliche Tiere. Und dann noch als Haustier."

„Das ist anders", sagt Fabian. „Der Florian hat mir extra erklärt, dass Schlangen nicht immer gefährlich sind. Dass es gefährliche gibt und ganz ungefährliche. Und diese hier ist eine ganz ungefährliche Schlange."

Am nächsten Tag klingelt es Sturm. Florian steht vor der Tür.

„Meine Schlange ist weg", sagt er. „Sie ist einfach weg." Er ist ganz aufgeregt.

„Die Schla-Schlange ist weg? Da-das kann doch gar nicht sein", stottert Fabian.

Da steht seine Mama auch schon hinter ihm. „Siehst du, hab ich's nicht gesagt? Schon haben wir den Zirkus."

Fabian ist es peinlich, wie seine Mama reagiert. Er beißt sich auf die Lippen. Aber irgendwie hat sie auch Recht.

Tage vergehen, alle wundern sich. Sie haben wirklich alles abgesucht. Sie haben unterm Tisch geguckt und hinterm Schrank und auf dem Schrank und unterm Bett und unterm Klo und hinterm Badezimmerschrank und an der Badewanne und in der Badewanne und hinter der Dusche und in den Handtüchern. Nirgendwo war die Schlange. Sie haben in Fabians Wohnung geguckt und in Florians. Die Schlange ist verschwunden.

Fabian sitzt auf dem Klo. Er überlegt sich dabei, wo die Schlange wohl sein könnte. Er steht auf, er zieht sich die Hose hoch.

Auf einmal taucht etwas Grünes neben dem Klodeckel auf. Fabian schreit, knallt die Badezimmertür zu, ruft ganz laut: „Die Schlange, die Schlange!" Und dann rennt er rüber zu Florians Wohnung und klingelt. Florian macht sofort auf.

„Die Schlange ist wieder da! Die Schlange ist wieder da!"

„Wo denn?", fragt Florian aufgeregt.

„Neben unserem Klo, hinter dem Schrank hat sie wohl gesteckt." Da gibt es nämlich eine Warmwasserleitung, und wo es dunkel und warm ist, fühlt sich die Schlange einfach wohl.

Da haben sie doch nicht gründlich genug gesucht! Florian packt die Schlange, nimmt sie mit hinüber ins Terrarium, in dem er Blätter und Erde hat. Die Schlange nistet sich sofort ein, als wolle sie zeigen, dass sie hier zu Hause ist.

„Ist sie nicht schön?", flüstert Florian. Die Haut der Schlange glänzt golden und grün.

„Ja", sagt Fabian.

Und dann beobachten sie die Schlange, die sich mit ihrer wunderbar glänzenden Haut langsam in den Blättern windet. Kaum zu glauben, dass diese harmlose Schlange so viel Aufregung verursacht hat.

Illustriert von Wilfried Gebhard

Elisabeth Zöller

Oskar darf doch bei uns bleiben

Oskar ist meine Lieblingskatze. Oskar ist eine von den vier Kleinen aus Rosas letztem Wurf, und ich finde, Oskar sieht besonders niedlich aus: Er hat schwarze Punkte hinten auf dem Rücken, sonst ist das Fell weiß und grau meliert. Als er geboren wurde, sah er aus wie ein kleines, wuscheliges schwarz-weißes Knäuel. Ein Knäuel mit Mustern. Mit Punkten und weißen Einsprengseln.
Ich habe Oskar von Anfang an ins Herz

geschlossen, habe ihn gestreichelt und hatte in dem Augenblick schon beschlossen, Oskar zu behalten.

Aber dann passierte es. Als Papa und Mama nicht da waren, ließen meine Freundin Eva und ich Oskar und die anderen Kätzchen ins Haus. Sie haben alles voll gepinkelt! Wir haben gewischt und gewischt. Wir haben Deo gesprüht.

Aber als Papa und Mama nach Hause kamen, sagte Papa sofort: „Was ist das für ein seltsamer Geruch?" Dann schnüffelte er und sagte: „Macht mal die Fenster auf!" Er schnüffelte weiter bis an

den Teppich und schrie: „Mein guter Teppich stinkt!" Papa fragte ärgerlich: „Ihr habt doch wohl nicht ...?", mit dem Blick auf Rosas Junge draußen.

Doch, wir hatten. Papa war sauer. So sauer, dass er kein Wort mit uns sprach. Und das ist wirklich selten bei Papa.

Als Papa und Mama am nächsten Tag zur Arbeit gingen – wir hatten Ferien –, da hab ich ein Katzenklo in die Küche gestellt und mit den Kätzchen geübt und geübt. Manchmal klappte es, manchmal klappte es nicht.

Am schlimmsten war Oskar. Er machte am meisten daneben. Natürlich passten wir auf, dass Oskar nicht mehr auf Papas wertvollen Teppich machte. Aber als wir

gerade meinten, wir hätten es geschafft, pieselte Oskar wieder mitten auf das Parkett. Ich war am Ende. Was sollte ich bloß machen? Ich war traurig.

Und dann kam mein Geburtstag näher. Papa fragte mich, was ich mir wünschte. Ich sagte: „Ich möchte Oskar behalten."

Papa verzog das Gesicht. Ich wusste, was das hieß.

Aber vor dem Geburtstag kam noch ein Sonntag. Die Katzen waren draußen. Wir hatten jetzt schon zwei Tage nicht mehr geübt, weil Papa und Mama Freitag und Samstag zu Hause waren.

Auf einmal kratzte es an der Tür. Das waren die Katzenkinder.

Sie kratzten nicht nur, sie miauten dazu. Sie miauten nicht nur, sie fauchten dazu.

Sie wollten unbedingt in die Wohnung. Papa war genervt und sagte: „Die kommen nicht herein."

Blöder Papa.

Und die Katzen machten Zirkus.

Bis Mama die Nerven verlor, die Terrassentür aufriss und sie einfach hereinließ.

Die Kätzchen marschierten herein zum Katzenklo in der Küche, pinkelten in das Katzenklo, drehten sich wieder um und gingen nach draußen in den Katzenkorb. Wir alle standen sprachlos daneben. So etwas hatten wir noch nicht gesehen.

Papa sagte nur: „So was!" Mama sagte nur: „Woher können die das?" Und ich dachte nur: „Es hat doch was gebracht!"

Mama meinte: „Ja, wenn das so ist ..." Sie schielte zu Papa. Papa schielte zu mir und zu Mama.

„Meint ihr, Oskar könnte hier bleiben?", fragte ich. Und dann nickten Papa und Mama. Ich fiel ihnen fast gleichzeitig um den Hals und rief: „Das ist das schönste Geburtstagsgeschenk, das ich je bekommen habe!"

Illustriert von Wilfried Gebhard

Elisabeth Zöller

Felix ist seit gestern da

Felix ist kein Kind. Nein, Felix ist ein kleiner Hamster, der seit gestern bei uns ist.

Gestern Nachmittag wollte ich gerade meine Rollerskates anziehen, da hörte ich ein seltsames Geräusch. Es fiepte und quiekte so, als wenn da jemand um Hilfe schrie. Aber es musste jemand sehr Kleines und Schwaches sein.

Ich stand vor dem Rost des Kellerschachtes. Und als ich genau hinsah, konnte ich durch die groben Maschen ganz unten etwas Bräunliches erkennen, das sich bewegte. Wie konnte ich da herankommen?

Ich hatte eine Idee: Ich könnte in den Vorratskeller gehen und versuchen, das Tier durch das Fenster zu erreichen. Ich rannte die Treppe runter, riss das Keller

fenster auf und sah das kleine braune Tier. Das musste ein Hamster sein.

Ich rief nach oben: „Kai, komm mal runter, hier ist ein kleiner Hamster." Aber Kai spielte oben, den interessierte nicht, ob ich rief oder nicht. Da schloss ich das

Fenster wieder, stapfte wütend die Treppe hinauf und sagte zu Kai, der immer noch mit seinen Autos spielte: „Kannst du mir mal helfen? Da unten sitzt ein Hamster."

Kai schaute hoch. „Hamster?", fragte er und guckte mich mit großen Augen an.

Ich nickte. „Hamster!" Er hatte richtig verstanden.

Da stand er blitzschnell auf. Er sagte nur: „Zeig!", denn Kai wünschte sich schon lange einen Hamster oder ein Meerschweinchen. Doch Mama war dagegen. Sie meinte, dass wir zu unordentlich sind. Sich um ein Tier zu kümmern bedeutet nämlich viel Arbeit.

Kai und ich stiegen die Kellertreppe hinunter. Ich zeigte Kai das kleine braune, verängstigte Tier. Mit großen Augen schaute es uns an. Es zitterte.

„Den will ich!", rief er.

„Und ich?", fragte ich.

„Na ja", murmelte Kai, „wir teilen ihn uns. Aber er muss Felix heißen!"

Das konnte ja heiter werden. Aber wir hatten im Augenblick andere Probleme zu lösen. Wie sollten wir Mama überzeugen, dass wir für Felix sorgen können?

Kai beschloss, sein Zimmer aufzuräumen. Ich kümmerte mich um den zitternden Hamster. Ich suchte einen Schuhkarton als Ersatzkäfig.

Kai schaute auf die Uhr. „Wenn wir uns beeilen, können wir noch das Abendessen vorbereiten", schlug er vor. „Das wäre eine tolle Überraschung für Mama!"
Wir wirbelten nur so durch die Küche! Kai deckte den Tisch und kochte Eier. Dann suchten wir das Brot und nahmen Wurst und Käse aus dem Kühlschrank. Wir dekorierten den Tisch sogar mit Servietten und Blumen. Und alles nur wegen Felix!

Völlig geschafft, saßen wir in der Küche und planten weiter. „Wir müssen sowieso erst mal klären, woher der Hamster kommt – falls wir das überhaupt herauskriegen", sagte ich. „Hoffentlich dürfen wir ihn behalten."

Kai nickte. Dann fiel ihm ein, dass auch Felix etwas zu fressen brauchte. Also

rannte er nach draußen, rupfte Gras und packte es dem kleinen Kerlchen in seinen Karton. Der Schuhkarton sah als Hamsterwohnung ziemlich gemütlich aus, fand ich.
„Was fressen Hamster außer Gras?",
fragte ich.

„Möhren, Gemüse, Salatblätter. Natürlich auch Körner", antwortete Kai fachmännisch. Er holte ein Salatblatt und eine halbe Möhre aus dem Kühlschrank und legte sie zu Felix in den Karton.

Der futterte sofort los. Vielleicht hatte er schon ein paar Tage nichts gegessen! Dann stellte Kai ihm noch ein Plastikschüsselchen mit Wasser hin.

Genau in dem Augenblick kam Mama nach Hause. Sie sah ziemlich müde aus.

Sie schaute uns an. „Was habt ihr denn da?"

Kai sprang hoch. „Den hat Lisa gefunden. Der ist extra für uns, weil wir nämlich endlich, endlich einen Hamster haben müssen."

Mama stand dort, stemmte die Hände in die Hüften und sagte: „Das ist ja eine schöne Bescherung! Wem gehört er denn?"

„Na – uns!", sagte ich. „Außerdem frisst er schon ganz eifrig unsere Möhren. Er fühlt sich wohl hier." Ich grinste dabei.

„Mama!" Kai zupfte an Mamas Ärmel. „Mama, wenn der Felix keinem gehört, können wir ihn dann bitte, bitte behalten? Wir werden uns ganz sicher um ihn kümmern. Und immer unsere Zimmer aufräumen."

Mama seufzte. Sie betrachtete den gedeckten Tisch und überlegte. Dann fragte sie: „Passt ihr denn wirklich allein auf ihn auf?"

„Ja, sicher", riefen wir beide. Ich glaube, die schöne Tischdekoration hat Mama überzeugt. Oder unsere aufgeräumten Zimmer. Auf jeden Fall durften wir Felix behalten.

Illustriert von Wilfried Gebhard

Klaus-Peter Wolf

Nein Hilfe und die Hochzeitstorte

Suchst du den Weg ins Drachenland? Dann kannst du dein Fahrrad getrost in der Garage lassen. Denn keine Straße führt dorthin.

Im Drachenland hält kein Zug und auch keine Straßenbahn.

Kein Flugzeug ist je dort gelandet. Auch Autos wurden nie dort gesehen.

Um ins Drachenland zu kommen, musst du die Regenbogenbrücke überqueren, über den Traumzauberberg klettern und durch den See der Erinnerungen tauchen.

Keine Angst! Du schaffst es bestimmt!

Siehst du dort auf dem Berg die Felsenburg? Schau genau hin!

Im Kellergewölbe wohnt der alte mausgraue Drache Nein Hilfe.

Nein Hilfe heißt natürlich nicht wirklich so. Seine Eltern nannten ihn Ferdinand. Aber seine Eltern sind schon vor langer Zeit gestorben. Und immer, wenn die Bewohner der Burg Ferdinand sehen, rufen sie erschrocken: „Nein, Hilfe!", und laufen weg. Deshalb glaubt Ferdinand, dass er Nein Hilfe heißt.

Ferdinand isst am liebsten Mäuse und Sahnetorte. Früher fürchteten die Mäuse sich vor ihm und betraten aus Angst die Kellergewölbe der Burg nur sehr selten. Sogar wenn in dem Vorratsraum frische Käseräder lagerten, trauten sie sich kaum hinein. Heute dagegen ist Nein Hilfe alt und sieht nicht mehr so gut. Die Mäuse

fürchten sich schon lange nicht mehr vor ihm. Nur die Menschen laufen noch weg, wenn sie ihn sehen.

Sahnetorte bewahren die Burgbewohner nicht im Vorratsraum auf, weil Nein Hilfe sie jedes Mal aufisst.

Zur Hochzeit der Prinzessin aber wird eine riesige Torte gebacken. Die ganze

Burg riecht schon danach. Der Bäcker verziert die dreistöckige Torte mit dicker frischer Sahne. Nachts verschließt der Koch die Küche mit dicken Schlössern und Ketten, denn niemand soll die Torte vor der Hochzeit stehlen.

„Das ist aber nett von der Prinzessin", denkt Nein Hilfe. „Bestimmt ist die Torte für mich. Das wird ein großartiges Fest! Ich werde der Prinzessin zur Hochzeit ein feines Kopftuch aus Spinnweben schenken. Oder ein Halsband aus Mäuseschwänzen. Nein, besser noch: beides!"

Als dann am Hochzeitstag die Gäste die große Hochzeitstorte bewundern, da fliegt mit großem Krach die Tür auf und Ferdinand steht da. Stolz zeigt er seine Geschenke vor.

Vor lauter Freude fällt die Prinzessin mit den Worten „Nein, Hilfe!" in Ohnmacht. Auch die Ritter schreien „Nein, Hilfe!", und laufen weg.

Im Nu ist Ferdinand mit der großen, dreistöckigen Sahnetorte allein. Nur die Prinzessin liegt ohnmächtig zu seinen Füßen.

„Nun", sagt Ferdinand, „bevor die Torte schlecht wird, werde ich sie besser aufessen."

Die Portion ist gerade groß genug für ihn.

Nur ein winziges Stückchen lässt er übrig – für die Prinzessin, versteht sich.

Illustriert von Heinz Ortner

Cornelia Funke

Grizzlys neuer Zweibeiner

Seit drei Tagen war Grizzly im Tierheim.
  Sein Zweibeiner hatte ihn ins Auto springen lassen und er war so dumm gewesen, auch noch mit dem Schwanz zu wedeln. Weil er dachte, dass sie zum Spazierengehen in den Wald fuhren. Irrtum!
  Sein Zweibeiner hielt vor einem sehr beunruhigend riechenden Gebäude an, drückte einer wildfremden Frau Grizzlys

Leine in die Hand und fuhr weg. Er fuhr einfach weg.

Wenig später steckte Grizzly in einem engen Zwinger. Neben einem Boxer, der ihn durchs Gitter anknurrte und nach Ärger roch. Nachdem Grizzly sich heiser gebellt hatte, was leider überhaupt nichts half, rollte er sich in einer Ecke zusammen und wartete.

Er fraß nichts, und er schlief kaum. Aber sein Zweibeiner kam nicht zurück.

Und irgendwann wusste Grizzly, dass

er nie wieder kommen würde. Und dass es nur eine Chance gab, aus diesem scheußlichen Zwinger zu kommen. Grizzly musste sich so schnell wie möglich einen anderen Zweibeiner suchen. Aber wie?

Es kamen oft Menschen an den Zwingern vorbei, ganz verschiedene. Dicke, dünne, kleine und große. Mit hohen und tiefen, lauten und leisen Stimmen. Und mit den verschiedensten Gerüchen.

Grizzly beobachtete sie genau von seiner Ecke aus. Und irgendwann begriff er, dass sie alle einen Hund suchten.

Na, wunderbar! Er brauchte einen neuen Zweibeiner. Und die da wollten einen Hund.

Aber diesmal musste er sich ein besseres Exemplar aussuchen. Bloß nicht wieder so einen Verräter.

Aber wie erkannte man die echten Hundefreunde? Grizzly überlegte. Mit der Nase natürlich.
Und an der Stimme, die Stimme war auch

wichtig. Manche Menschen hatten so abscheuliche Stimmen, dass einem die Ohren davon schmerzten.

Also machte Grizzly sich an die Arbeit. Bei jedem Menschen, der in seinen Zwinger guckte, spitzte er die Ohren und schnupperte. Aber es war gar nicht so einfach, den richtigen Zweibeiner herauszufischen. Bei manchen schmeichelte die Stimme seinen Ohren, aber dafür rochen sie nicht gut. Bei anderen wieder stimmte der Geruch, aber die Stimme ließ Grizzly zusammenzucken.

Nur zweimal gab er sich die Mühe, ans Gitter zu laufen, die Brust rauszustrecken und zu lächeln. Aber beide Male gingen die Zweibeiner weiter und befreiten einen anderen Hund aus seinem Zwinger. Sehnsüchtig guckte Grizzly ihnen hinterher.

Eine Woche verging. Draußen kam der Herbst. Welke Blätter wehten in die Zwinger. Regen fiel vom grauen Himmel. Die Welt war so traurig, dass Grizzly nicht mal die Augen öffnen wollte.

Da strich ihm plötzlich ein wunderbarer Geruch um die Nase. Und eine leise, kleine Stimme rief: „He, Dicker! Du da, Strubbelkopf. Komm doch mal her!"

Grizzly hob den Kopf von den Pfoten.

Ein Junge stand vor dem Zwinger und

presste sein Gesicht an das Gitter. Hinter ihm standen zwei große Zweibeiner.

Grizzly sprang auf. Schwanzwedelnd lief er auf den wunderbar riechenden, kleinen Menschen zu. Er drückte seine kalte Nase durch das Gitter, schnupperte und lächelte sein schönstes Hundelächeln.

„Aber wir wollten doch eigentlich einen kleinen Hund", sagte einer von den großen Zweibeinern.

So gut wie der kleine Mensch rochen die beiden nicht. Aber es war auszuhalten.

„Ich finde, er ist genau richtig", sagte der Junge. „Den will ich haben. Bitte!" Er schnalzte Grizzly zu und ließ ihn an seiner Hand schnuppern. Am liebsten hätte Grizzly ihm die Finger geleckt, aber er kam mit der Zunge nicht durchs Gitter.

„Pass auf!", sagte ein großer Zweibeiner. „Vielleicht ist er bissig!"

„Ach was!" Der Junge hüpfte aufgeregt vor dem Gitter herum.

Grizzly wedelte immer heftiger mit dem Schwanz. Zu bellen traute er sich nicht. Das mochten Zweibeiner nicht. So viel wusste er noch von seinem alten Zweibeiner.

„Ich heiße Max", sagte der Junge. „Und du?"

Grizzly spitzte die Ohren und legte den Kopf schief.

„Er heißt Grizzly", sagte ein großer Zweibeiner. „Jedenfalls steht das auf dem Zettel an seinem Zwinger. ‚Sechs Monate alt, kinderlieb, bleibt auch mal allein zu Hause.' Na also, das hört sich ja nicht schlecht an."

Grizzly merkte, dass es ernst wurde. Furchtbar ernst.

Er setzte sich, streckte die Brust raus und lächelte um sein Leben.

„Was meinst du?" Die großen Zweibeiner tuschelten miteinander.

Dann beugten sie sich vor und musterten Grizzly von oben bis unten.

„Also gut!", sagte schließlich der eine. „Du sollst ihn haben."

Da hüpfte Max vor Freude vor dem Zwinger herum. Er klatschte in die Hände und lachte. Wunderbar klang das.

Als Grizzlys Zwingertür endlich aufgeschlossen wurde, warf er seinen neuen, kleinen Zweibeiner vor lauter Freude fast um.

Am Abend schlief Grizzly neben Max' Bett auf einer Decke. Aber als es draußen dämmerte, kletterte Grizzly ganz, ganz vorsichtig auf das Bett und legte seine Schnauze auf den Bauch des kleinen Menschen.

Davon wachte Max auf. „Morgen, Grizzly!", murmelte er und kraulte ihn hinter den Ohren.

Da war Grizzly so glücklich wie noch nie in seinem ganzen Hundeleben.

Illustriert von Cornelia Funke

Elisabeth Zöller

Mama, was sind Haustiere?

„Mama, was sind Haustiere?"

Mama ist heute ziemlich genervt, weil dauernd das Telefon klingelt und sie jedes Mal wieder herausgerissen wird aus dem, was sie gerade tut.

„Mama, was sind Haustiere?"

Und weil Mama so genervt ist, sagt sie einfach schnell: „Haustiere sind Tiere, die im Haus wohnen."

Am nächsten Tag surrt es plötzlich um Sarah herum. Mal oben, mal unten. Sarah hat Angst. Sie haut um sich. Da passiert es: Sie wird von einer Wespe gestochen.

In die Hand.

„Aua", schreit sie. Es brennt und pikst wirklich fürchterlich. Die Hand schwillt an. Mama legt ein Kühlkissen drauf, dann tut es nicht so weh. Jetzt sucht Mama in der Apothekenschublade nach einer Salbe, die sie auf Sarahs Stich schmieren kann.

Sarah versucht, ihre Hand zu bewegen. Au, das tut weh. Die Hand ist ganz dick. Ob sie wohl morgen in der Schule überhaupt schreiben und malen kann?

Sarah denkt nach. Plötzlich fällt ihr etwas Wichtiges ein.

„Mama", fragt sie, „ist eine Wespe ein Haustier?"

Da lacht Mama und nimmt Sarah in den Arm. „Nein, eine Wespe ist kein Haustier."

„Aber sie lebt doch im Haus."

„Stimmt schon", sagt Mama. Sie überlegt. „Aber eine Wespe gewöhnt sich nicht an die Menschen im Haus. Sie stellt sich nicht auf sie ein."

„Mhm", sagt Sarah. Jetzt überlegt sie.

„Und mit einer Wespe kann man nicht schmusen", sagt Sarah. „Mit einem Kaninchen oder Hamster kann man das."

„Mhm", sagt Mama, das heißt, sie überlegt. „Aber mit einem Wellensittich schmust man nicht."

„Aber mit dem kann man sprechen", sagt Sarah sofort, „und sich einfach wohl fühlen, wenn man mit ihm zusammen ist. Und er zwitschert, fliegt und macht Krach. Er ist bei einem. Ein bisschen wie ein Freund."

„Das stimmt", sagt Mama. Mehr nicht. Aber Sarah denkt nach. Lange denkt sie nach.

„Dann wünsche ich mir ein Haustier zum Geburtstag", sagt Sarah. Denn gerade gestern hatte Mama nach ihrem Geburtstagswunsch gefragt.

Sarah wünscht sich ein Haustier zum Sprechen und Spielen, zum Schmusen und Reden, einfach zum Zusammensein!

Illustriert von Wilfried Gebhard

Eckhard Mieder

Guck mal, wer da wühlt!

Eisbären haben keine Feinde. Deshalb fürchten sie sich nicht. Außerdem ist der Nordpol ziemlich platt und sehr übersichtlich. Jeder Eisbär könnte jede Gefahr von weitem sehen.

Aber eines Tages erhob sich mitten im endlosen Weiß ein Hügel. Die Eisbären machten einen großen Bogen darum.

Am nächsten Tag waren zwei neue Hügel dazugekommen.

Nach einem Monat war der Nordpol übersät mit Hügeln. Wie ein Gesicht mit Windpocken.

Da fingen die Eisbären an, unruhig zu werden.

Es wurde gemunkelt, dass nachts aus den Hügeln spitze Schnauzen schauten. Schwarze Schnauzen mit langen gelben Zähnen.

„Diese Erwachsenen!", sagte Manuela.
„So ein Quatsch!", sagte Jochen.
Und Karl schlug vor: „Das schauen wir uns an!"
Die drei Freunde tranken sich mit einer Flasche Lebertran Mut an und machten sich eines Nachts auf den Weg.
Sie legten sich zwischen zwei Hügel und warteten.
Da! Um Mitternacht krümelte der Schnee von der Spitze des Hügels.

Da! Eine kleine, spitze Schnauze schob sich in die Nacht.

Da! Jochen, Manuela und Karl hörten, wie die Schnauze sagte: „Brrr! Es ist immer noch so kalt wie gestern Nacht!"

„He", rief Karl mit piepsiger Stimme, „wer bist du?"

„Und du?", fragte die Schnauze ängstlich zurück.

„Ich bin ein Eisbär und habe vor niemandem Angst", prahlte Karl.

„Ich bin ein Maulwurf", sagte die Schnauze, „und ich hab sehr viel Angst."

So was aber auch! Ein Maulwurf am Nordpol! Es ist so hell am Pol und klirrend kalt. Der Maulwurf schüttelte sich.

Die drei kleinen Eisbären und der Maulwurf liefen umeinander herum. Sie beschnupperten sich. Das sah aus wie tanzen.

Dann brummten und quiekten sie. Das hörte sich an wie singen.

Weil sie das gut fanden, trafen sie sich

jede Nacht. Der Maulwurf hieß übrigens Konrad.

Und so wurden sie dicke Freunde, der Maulwurf Konrad und die drei furchtlosen Eisbären.

Illustriert von Hermien Stellmacher

Quellenverzeichnis

S. 11-18
Norbert Landa,
Das Meermädchen und der Delfin,
aus: ders., Leselöwen-
Delfingeschichten.
© 1996 Loewe Verlag GmbH,
Bindlach

S. 19-25
Cornelia Funke,
Wer kümmert sich um Kalif?,
aus: dies., Leselöwen-
Tiergeschichten.
© 1997 Loewe Verlag GmbH,
Bindlach

S. 26-35
Eckhard Mieder,
Der dicke und der doofe Eisbär,
aus: ders., Leselöwen-
Eisbärengeschichten.
© 2000 Loewe Verlag GmbH,
Bindlach

S. 36-42
Gunter Preuß,
Wackeldackel,
aus: ders., Leselöwen-
Hundegeschichten.
© 1996 Loewe Verlag GmbH,
Bindlach

S. 43-46
Cornelia Funke,
Der Fliegenfreund,
aus: dies., Leselöwen-
Tiergeschichten.
© 1997 Loewe Verlag GmbH,
Bindlach

S. 47-52
Gerit Kopietz/Jörg Sommer,
Tinka und Tiger,
aus: dies., Leselöwen-
Katzengeschichten.
© 2000 Loewe Verlag GmbH,
Bindlach

S. 53-62
Ingrid Uebe,
Der Geburtstagswunsch,
aus: dies., Leselöwen-
Dinosauriergeschichten.
© 1994 Loewe Verlag GmbH,
Bindlach

S. 63-71
Cornelia Funke,
Tiger und Leo,
aus: dies., Leselöwen-
Tiergeschichten.
© 1997 Loewe Verlag GmbH,
Bindlach

S. 72-76
Elisabeth Zöller,
Schokoladenhasen-Jagd,
aus: dies., Leselöwen-
Tierfreundegeschichten.
© 2001 Loewe Verlag GmbH,
Bindlach

S. 77-82
Norbert Landa,
Der Schatz im Silberschiff,
aus: ders., Leselöwen-
Delfingeschichten.
© 1996 Loewe Verlag GmbH,
Bindlach

S. 83-90
Elisabeth Zöller,
Schneewittchen bekommt Junge,
aus: dies., Leselöwen-
Tierfreundegeschichten.
© 2001 Loewe Verlag GmbH,
Bindlach

S. 91-96
Elisabeth Zöller,
Der Spaziergang,
aus: dies., Leselöwen-
Tierfreundegeschichten.
© 2001 Loewe Verlag GmbH,
Bindlach

S. 97-105
Cornelia Funke,
Salambos Kinder,
aus: dies., Leselöwen-
Tiergeschichten.
© 1997 Loewe Verlag GmbH,
Bindlach

S. 106-111
Elisabeth Zöller,
Die Schlange im Klo,
aus: dies., Leselöwen-
Tierfreundegeschichten.
© 2001 Loewe Verlag GmbH,
Bindlach

S. 112-118
Elisabeth Zöller,
Oskar darf doch bei uns bleiben,
aus: dies., Leselöwen-
Tierfreundegeschichten.
© 2001 Loewe Verlag GmbH,
Bindlach

S. 119-128
Elisabeth Zöller,
Felix ist seit gestern da,
aus: dies., Leselöwen-
Tierfreundegeschichten.
© 2001 Loewe Verlag GmbH,
Bindlach

S. 129-134
Klaus-Peter Wolf,
Nein Hilfe und die Hochzeitstorte,
aus: ders., Leselöwen-
Drachengeschichten.
© 1994 Loewe Verlag GmbH,
Bindlach

S. 135-144
Cornelia Funke,
Grizzlys neuer Zweibeiner,
aus: dies., Leselöwen-
Tiergeschichten.
© 1997 Loewe Verlag GmbH,
Bindlach

S. 145-148
Elisabeth Zöller,
Mama, was sind Haustiere?,
aus: dies., Leselöwen-
Tierfreundegeschichten.
© 2001 Loewe Verlag GmbH,
Bindlach

S. 149-153
Eckhard Mieder,
Guck mal, wer da wühlt!,
aus: ders., Leselöwen-
Eisbärengeschichten.
© 2000 Loewe Verlag GmbH,
Bindlach

Leselöwen
bringen
Farbe
in dein
Lesen!

ISBN 3-7855-4381-6

ISBN 3-7855-4375-1

ISBN 3-7855-4380-8

ISBN 3-7855-4386-7

ISBN 3-7855-4379-4

ISBN 3-7855-4389-1

ISBN 3-7855-4378-6

ISBN 3-7855-4388-3

ISBN 3-7855-4377-8